아시아의 마지막 밤 풍경

한 국 대 표
명   시   선
1 0 0

오 상 순

아시아의 마지막 밤 풍경

시인생각

■ 서시 — 기항지

천도복숭 따서 민족의 건강에 이바지하고
아름다운 꿈과 화려한 시를
해마다 백지에 옮기리니
작년에 뿌린 씨는
금년 들에 들꽃으로 피어
마음마음 돌아와 뿌리를 내리고
미역마냥 바위 위에라도 붙어서
나 자신의 정신 위에 닻을 내리고
소리 없이 먼 길을 가리라.
먼지마냥 떠오르지 말며
손은 생산에만 쓰기로
앞으로 세기의 항구는 오라.
네가 흘린 60년의 땀방울의 결실을
민족아! 송아지같이 젖 빨며
서로 속이지도 속지도 말며
앞으로 창창하게 살아가라.

오 상 순

■ **차 례** ─────────── 아시아의 마지막 밤 풍경

시인의 말

1
아시아의 마지막 밤 풍경
 ―아시아의 진리는 밤의 진리다 13
아시아의 여명 22
허무혼의 선언 27
폐허의 제단 36
미로 39

———————— 한국대표명시선100 오 상 순

2

어둠을 치는 자   47

백일몽   51

일진一塵   62

한 잔 술   64

운명의 저류는 폭발한다   66

항아리 —항아리와 더불어 삶의 꿈을
            어루만지는 조선 여인의 마음   73

3

나의 스케치　85

첫날밤　86

방랑의 마음 1　88

방랑의 마음 2　90

영원회전의 원리 —계절의 독백　92

녹원鹿苑의 여명　100

4

표류表流의 저류의 교차점　103

허무혼의 독백　107

한 마리 벌레　108

나와 시와 담배　110

불나비　111

해설_허무와 적멸의 시학 · 김봉군　115
오상순 연보　122

1

아시아의 마지막 밤 풍경
— 아시아의 진리는 밤의 진리다

아시아는 밤이 지배한다. 그리고 밤을 다스린다.
밤은 아시아의 마음의 상징이요, 아시아는 밤의 현실이다.
아시아의 밤은 영원의 밤이다. 아시아는 밤의 수태자受胎者이다.
밤은 아시아의 산모요, 산파이다.
아시아는 실로 밤이 낳아준 선물이다.
밤은 아시아를 지키는 주인이요, 신이다.
아시아는 어둠의 검이 다스리는 나라요, 세계이다.

아시아의 밤은 한없이 깊고 속 모르게 깊다.
밤은 아시아의 심장이다. 아시아의 심장은 밤에 고동한다.
아시아는 밤의 호흡기관이요, 밤은 아시아의 호흡이다.
밤은 아시아의 눈이다. 아시아는 밤을 통해서 일체상一切相을 뚜렷이 본다.
올빼미처럼
밤은 아시아의 귀다. 아시아는 밤에 일체음一切音을 듣는다.
밤은 아시아의 감각이요, 감성이요, 성욕이다.
아시아는 밤에 만유애萬有愛를 느끼고 임을 포옹한다.
밤은 아시아의 식욕이다. 아시아의 몸은 밤을 먹고 생성한다.

아시아는 밤에 그 영혼의 양식을 구한다.
맹수처럼……
밤은 아시아의 방순芳醇한 술이다. 아시아는 밤에 취하여 노래하고 춤춘다.

밤은 아시아의 마음이요, 오성悟性이요, 그 행行이다.
아시아의 인식도 예지도 신앙도 모두 밤의 실현이요, 표현이다.
오— 아시아의 마음은 밤의 마음…….
아시아의 생리계통과 정신체계는 실로 아시아의 밤의 신비적 소산인저—.
밤은 아시아의 미학이요, 종교이다,
밤은 아시아의 유일한 사랑이요, 자랑이요, 보배요, 그 영광이다.
밤은 아시아의 영혼의 궁전이요, 개성의 터요, 성격의 틀이다.
밤은 아시아의 가진 무진장의 보고이다. 마법사의 마술의 보고寶庫와도 같은—.
밤은 곧 아시아요, 아시아는 곧 밤이다.
아시아의 유구한 생명과 개성과 성격과 역사는 밤의 기록이요.

밤 신神의 발자취요, 밤의 조화요, 밤의 생명의 창조적 발전사—.

보라! 아시아의 산하대지와 물상과 풍물과 격格과 문화—.
유상有相 무상無相의 일체상一切相이 밤의 세례를 받지 않는 것이 있는가를,

아시아의 산맥은 아시아의 물의 리듬을 상징하고 아시아의 물의 리듬은 아시아의 밤의 리듬을 상징하고……
아시아의 말들의 칠흑빛 같은 머리의 흐름은 아시아의 밤의 그윽한 호흡의 리듬.

한 손으로 지축을 잡아 흔들고 천지를 함토含吐하는 아무리 억세고 사나운 아시아의 사나이라도 그 마음 어느 구석인지 숫처녀의 머리털과 같이 끝 모르게 감돌아드는 밤물결의 흐름 같은 리듬의 곡선은 그윽이 서리어 흐르나니—.

그리고 아시아의 아들들의 자기를 팔아 술과 미와 한숨을 사는
호탕한 방유성放遊性도 감당키 어려운 이 밤 때문이라 하리라.

밤에 취하고, 밤을 사랑하고, 밤을 즐기고, 밤을 탄미嘆美하고, 밤을 숭배하고
밤에 나서 밤에 살고, 밤 속에 죽는 것이 아시아의 운명인가.

아시아의 침묵과 정밀靜謐과 유적幽寂과 고담枯淡과 전아典雅와 곡선과 여운과 현회玄晦와 유영幽影과 후광과 또 자미滋味, 제호미醍醐味는 아시아의 밤신들의 향연의 교향곡의 악보인저—.
오— 숭엄하고 유현幽玄하고 신비롭고 불가사의한 아시아의 밤이여!

태양은 연소燃燒하고 자격刺激하고 과장하고 오만하고 군림하고 명령한다.
그라고 남성적이요, 부격父格이요, 적극적이요, 공세적이다.
따라서 물리적이요, 현실적이요, 학문적이요, 자기중심적이요 투쟁적이요, 물체적이요, 물질적이다.
태양의 아들과 딸은 기승하고 질투하고 싸우고 건설하고 파괴하고 돌진한다.
백일하에 자신 있게 만유를 분석하고 해부하고 종합하고 통일하고

성盛할 줄만 알고 쇠衰하는 줄 모르고 기세 좋게 모험하고 제작하고 외치고 몸부림치고 피로한다.

차별상差別相에 저회低廻하고 유有의 면面에 고집한다.

여기 뜻 아니 한 비극의 배태와 탄생이 있다.

달은 냉정하고 침묵하고 명상하고 미소하고 노래하고 유화柔和하고 겸손하고 애무하고 포용한다.

여성적이요, 자모적慈母的이요, 수동적이요, 수세적이요, 몽환적이요, 심령적이다.

따라서 현실에 양보하고 몰아적沒我的이요, 희생적이요, 예술적이요, 정신적이요, 애타적愛他的이요, 평화적이다.

달의 아들과 딸은 시고 떫고 멋지고 집지고 야취野趣 있고 운치 있고 아치雅致 있고

천친하고 청초하고 전아典雅하고 윤택하고 공상空相하고 회의하고 반성하고 사랑하고 생산한다.

일체를 정리하고 조절하고 조화하고 영원히 피로를 모른다.

차별상差別相에 고답高踏하고 혼융渾融하고, 그리고 무無의 바다에 유영하고 소일한다.

아시아의 미가 전적이요 ,단적端的이요, 고답적이요, 착고着古하고 몽환적임은

아시아의 밤의 달빛이 스며 있는 까닭이다.

밤과 달을 머금은 미가 아시아의 미다.

태양이 지배하는 나라의 버드나무가 태양의 열을 받고 그 기운에 끄을려 하늘을 꿰뚫을 듯이 넓고 넓은 벌판에 씩씩하게 소리치며 향상向上하고 엄연히 서 있을 제
수변水邊에 기도드리듯이 머리 숙이고 경건히 서 있는 동방의 버드나무를 보라.
밤의 정기精氣와 달빛과 이슬의 사랑에 젖어
묵묵히 감사드리며 물의 흐름을 따라 땅으로 땅으로 드리운다.

아시아의 마음은 일광 밑에 용솟음치는 화려한 분수보다도 밤 어둠 속에 어디서인지 모르게 들릴 듯 말 듯, 그윽이 잔잔히 흐르는 물소리에, 귀 기울이기를 즐겨하고,
서리는 향수보다도, 물속에 천 년 묵은 침향沈香을 사랑하며
꽃을 보고 그 아름다운 색에 취하기보다 꽃의 말 없는 말을 들으려 하고,

흙의 냄새를 맡고 숨은 정욕을 느끼기보담, 흙의 마음을 만지려 한다.

 장엄한 해나 달— 그것에 보다도 오월 신록의 나뭇잎을 세며 미풍에 고이 흔들려 어른거리며 노니는 따위의 일광의 그림자나 월광의 그림자의 춤의 운율과 여운에, 그 심장이 놀라며 영혼이 잠 깨는 아시아의 마음—.
 낮에 눈 뜨기를 게을리하고 밤에 눈 뜨기를 부지런히 하나니, 사물의 진상, 마음의 실상—. 보는 자 자신을 보기 위함이라.
 아시아의 마음은
 태양보다 더 밝은 자를 어둠 속에 찾으려 하며
 밑 없는 어둠의 밑을 꿰뚫으려 한다.
 아시아의 안목은
 태양에 눈 부시는 자도 아니요, 어둠에 눈 어둔 자도 아니요. 어둠에 조으는 자도 아니요, 실로 어둠 속에 잠 깨는 자이다.

 어둠에 잠들 제 아시아는 타락한다.
 지금의 아시아는 어둠에 잠들었다.

어둠의 육체적 고혹蠱惑에 빠져; 취생몽사하는 수면상태이다.

태양보다 더 밝은 자— 밤보다 더 어둔 자는 무엇이며, 그 정체는 무엇이며, 어디 있느냐.
이 물음이 실로 아시아의 교양이요, 학문이요, 영원한 숙제요, 과제이다.

아시아의 교양은 밤의 교양이요, 밤의 단련이요, 밤 자신의 자기극복이오 초극이다.
오, 밤 자신의 자기 해탈은 무엇이며, 언제 어디서 어떻게 실현되고 실천되느냐—.
여기에 아시아의 교양의 중심안목中心眼目이 있다.

이는 자기가 밤 자신이 되어 자기가 자기 자신에게 답할 최후구경最後究竟의 물음이다
이를 입으로 물을 때 묻는 자의 입은 찢어지고
이를 마음으로 답할 때 답하는 자의 마음은 부서진다.
여기 아시아의 비극적 기적적 운명이 있다.
그러면 그것은 무엇이냐.

오, 이 무엇이란 무엇을 폭파하라.

그 무엇의 벽력으로 이 문問과 답을 동시에 쳐부수라. 이에 묻는 자는 곧 답하는 그 자이다.

오, 아시아의 비극적 기적!

그리 아니 하려 하되 아니할 수 없고, 이리 아니 되려 하되 아니 될 수 없음이. 곧 아시아의 어찌할 수 없는 숙명이어니 용감히 대사일번大死一番, 이 영원의 숙명을 사랑하자.

오, 무無의 상징인 기나긴 몽마夢魔 같은 아시아의 밤이여, 사라지라.

오, 유有의 상징인, 아니 무의 상징인 태양아 꺼지라.

아시아의 기적은 깨지고 불가사의적 비부秘符는 찢어진다.

보라! 이것이 아시아의 밤 풍경 제1장이다.

아시아의 여명

아시아의 밤
오, 아시아의 밤
말없이 묵묵한 아시아의 밤의 허공과도 같은 속 모를 어둠이여
제왕의 관곽棺槨의 칠빛보다도 검고
폐허의 제단에 엎드려 경건히 머리 숙여
기도드리는 백의의 처녀들의 흐느끼는
그 어깨와 등위에 물결쳐 흐르는
머리털의 빛깔보다도 짙게 검은 아시아의 밤
오, 아시아의 밤의 속 모를
어둠의 깊이여.

아시아의 땅!
오, 아시아의 땅!
몇 번이고 영혼의 태양이 뜨고 몰沒한 이 땅
찬란한 문화의 꽃이 피고 진 이 땅!
역사의 추측을 잡아들이던
주인공들의 수많은 시체가
이 땅 밑에 누워 있음이여.

오, 그러나
이제 이단과 사탄에게 침해되고
유린된 세기말의 아시아의 땅.
살육의 피로 물들인
끔찍한 아시아의 바다 빛이여.

아시아의 사나이들의 힘찬 고환은
요귀의 어금니에 걸리고
아시아의 처녀들의 신성한 유방은
독사의 이빨에 내맡겨졌어라
오— 아시아의 비극의 밤이여
오— 아시아의 비극의 밤은
길기도 하여라.

하늘은 한없이 높고 땅은 두텁고
웅웅한 산악 울창한 삼림
바다는 깊고 호수는 푸르르고
들은 열리고 사막은 끝없고

태양은 유달리 빛나고

산에는 산의 보물
바다에는 바다의 보물
유풍裕豊하고 향기로운 땅의 보물
무궁무진한 아시아의 천혜天惠!
만고의 비밀과 경이와 기적과 신비와
도취와 명상과 침묵의 구현체具顯體인 아시아!
철학미답哲學未踏의 비경秘境
돈오미도頓悟未到의 성지 대아시아!
독주와 아편과 미와 선과
무궁한 자존과 무한한 오욕
축복과 저주와 상반相伴한
기나긴 아시아의 업業이여.

끝없는 준순逡巡과 미몽迷夢과 도회韜晦와
회의와 고민의 상암常闇이여
오, 아시아의 운명의 밤이여
이제 우리들은 부르노니
새벽을!
이제 우리들은 외치노니
우레를!

이제 우리들은 비노니
이 밤을 분쇄할 벽력을!

오, 기나긴 신음의 병상!
몽마에 눌렸던 아시아의 사자는
지금 잠 깨고
유폐되었던 땅 밑의 태양은 움직인다.
오, 태양이 움직인다.
오, 먼동이 터온다.

미신과 마술과 명상과 도취와 향락과
탐닉에 준동蠢動하는 그대들이여!
이제 그대들의 미녀를 목 베고
독주의 잔을 땅에 쳐부수고
아편대를 꺾어버리고
선상禪床을 박차고 일어서라.
자업자득하고 자승자박自繩自縛한
계박繫縛의 쇠사슬을 끊고
유폐의 땅 밑에서 일어서 나오라.

이제 여명의 서광은 서린다.
지평선 저쪽에
힘차게 붉은 조광朝光은
아시아의 하늘에 거룩하게 비추어
오, 새 세기의 동이 튼다.
아시아의 밤이 동튼다.
오, 옹혼雄渾하고 장엄하고 영원한
아시아의 길이
끝없이 높고 깊고 멀고 길고
아름다운 동방의 길이
다시 우리들을 부른다.

허무혼의 선언

물아
쉬임없이 끝없이 흘러가는
물아
너는 무슨 뜻이 있어
그와 같이 흐르는가
이상스레 나의
애를 태운다
끝 모르는 지경으로 나의 혼을
꾀어 간다
나의 사상의 무애無碍와 감정의 자유는
실로 네가 낳아준 선물이다
오— 그러나 너는
갑갑다
너무도 갑갑해서 못 견디겠다.

구름아
하늘에 헤매이는
구름아
허공에 떠서 흘러가는
구름아

형형으로 색색으로
나타났다가는 스러지고
스러졌다가는 나타나고
스러지는 것이 너의 미요 생명이요
멸하는 순간이 너의 향락이다
오— 나도 너와 같이 죽고 싶다
나는 애타는 가슴을 안고 얼마나 울었던고
스러져 가는 너의 뒤를 따라……
오— 너는 영원의 방랑자
설움 많은 배가본드
천성의 거룩한 데카당
오— 나는 얼마나 너를 안고
몸부림치며 울었더냐
오— 그러나 너는
너무도 외롭고 애닮다
그리고 너무도
반복이 무상타.

흙아
말도 없이 묵묵히 누워 있는

흙아 천지야
너는 순하고 따뜻하고
향기롭고 고요하고 후중厚重하다
가지가지의 물상物相을 낳고
일체를 용납하고
일체를 먹어버린다
소리도 아니 내고 말도 없이……
오— 나의 혼은 얼마나
너를 우리 어머니라 불렀던가

나의 혼은 살찌고 기름지고
따뜻한 너의 유방에
매어달리고자
애련케도 너의 품속에
안기려고 애를 썼던고
어린 애기 모양으로……
그러나 흙아 대지야
이 이단의 혼의 아들을 안아주기에
너는 너무도 갑갑하고 답답하고
감각이 둔하지 아니한가.

바다야
깊고 아득하고 끝없고
위대와 장엄과 유구와 원시성의 상징인
바다야
너는 얼마나
한없는 보이지 아니하는 나라로
나의 혼을 손짓하여 꾀이며
취케 하고 미치게 하였던가
오— 그러나
너에게도 밑이 있다
밑바닥에 지탱되어 있는
너도 드디어
나의 혼의 벗은 될 수 없다.

별아
오— 미의 극極
경이와 장엄의 비궁秘宮
깊은 계시와 신비의 심연인
별의 바다야

오— 너는 얼마나 깊이
나의 혼을 움직이며 정화하며
상해 메어지려 하는 나의 가슴을
어루만져 주었던가
너는 진실로 나의 인연이다
애愛와 미와 진 그것이다
그러나
별아 별의 무리야
나는 싫다
항상 변함없는 같은 궤도를 돌아다니며 있는
아무리 많다 하여도 한이 있을 너에게 염증이 났다.

사람아
인간아
너는 과시果是 지상의 꽃이다 별이다
우주의 광영— 그 자랑이요
생명의 결정— 그 초점이겠다
그리고 너는 정녕 위대하다
하늘에까지 닿을

바벨의 탑을 꿈꾸며 실로 싸우며 있다

절대의 완성과 원만과 행복을 끊임없이 꿈꾸며
쉬임없이 동경하고 추구하는
인자人子들아
너희들은
자연을 정복하고 신들을 암살하였다 한다
정녕 그러하다
오— 그러나
준엄하고 이대異大한 파멸의 스핑스
너를 확착攫捉할 때
너의
검은 땀도
붉은 피도
일체의 역사役事도
끔찍한 자랑도
그 다 무엇인가……

세계의 창조자 된 신아
우주 자체 일체 그것인 불佛아

전지全智와 전능은
너희들의 자만이다

그러나
너희도 '무엇'이란 것이다
적어도 '신'이요 '불'이다
그만큼 너희도 또한
우상이요 독단이요 전제專制다
그러나 오 그러나
일체가 다 소용이 없다
그러므로 나는 참斬하는 것이다
너희들까지도
허무의 검劍 가지고
허무의 칼!
오!
허무의 칼!

불꽃아
오— 무섭고 거룩한
불꽃아

다 태워라
물도 구름도
흙도 바다도
별도 인간도
신도 불도 또 그밖에
온갖 것을 통틀어
오— 그리고
우주에 충만하여 넘치라.

바람아
오— 폭풍아 흑풍아
그 불꽃을
불어 날려라
쓸어 헤치라
몰아 무찔러라
오— 위대한 폭풍아
세계에 충일한 그 불꽃을
오— 그리고
한없고 끝없는
허공에 춤추어 미쳐라.

허무야
오— 허무야

불꽃을 끄고
바람을 죽이라!
그리고 허무야
너는 너 자체를
깨물어 죽여라!

폐허의 제단

해는 넘어가다
폐허 위에
무심히도
해는 넘어가다.

호흡이 거칠고
혈맥이 뛰노는
순난殉難의 아픔
함께 받는 흰옷의 무리들……
입을 닫고
눈을 닫고
폐허제단廢墟祭壇 밑에 엎드려
심장 울리는
세계가 무너져 버릴 듯한
그 신음을 들으라.

넘어가는 햇빛을 맞아
폐허의 허공을 꿰뚫어
짝 없이 홀로 서 있는
차디찬 옛 영광의

궁전의 돌기둥 하나!
그를 두 팔로 껴안고
숨을 끊고 눈 감는 자여!
마른 덩굴 이끼에 서린
폐허의 옛 성 두 손으로 어루만지며
소리도 마음대로 내지 못하고
느껴 우는 흰옷의 무리여!

당홍색 저고리 입은 어린이의
터질 듯이 살찐 손목 이끌고
구름에 잠겨 있는 폐허의 제단 향하는
짚신 신은 늙은 할아버지의
땅 위로 내리깐 양미간!
황혼빛에 서리는 그의 이마 위의
칼자국 같은 주름살!

폐허의 제단에 엎드려 애소하는
남아들의 등 위에는 땀이 용솟음치고
머리에는 타는 듯한 김의 연기 서리도다.

폐허의 제단에 길이 넘는 검은 머리 풀고
맨발로 소복 입은 처녀들의
말도 없이 경건히 드리는
목단향木檀香과 기름 등불은
주검같이 소리 없는 폐허의 하늘
바람 한 점 아니 이는데
끝도 밑도 없는 깊은 밤 어둠 속에
아프게도 우울하고 단조하고도 끊임없는
곡선의 가는 흰 길을 찾아 허공에
헤매이다 헤매이다!
꿈나라의 한숨같이 그윽이히도 가는 향香의 곡선은
헤매이다 헤매이다.

미로

미록麋鹿의 낙원
사랑과 힘 유토피아
평화의 서기 서린
불로초 동산에 난데없이
이리狼가 들었다
사나운 바람 일고
검은 구름 동하던
하룻밤에.

평화의 무리들은
암흑 속으로 흩어졌다
사면팔방으로
공포와 원한과 맹목 중에—

그때 어린 사슴 한 마리
길을 여의고
사막으로 뛰어들었다
불의의 실락失樂이여
그에게는
엎드러지며 자빠지며

무서운 방황이 비롯되었다.

아— 그는
풀도 없고 샘도 없는
불같은 열의
끝없는 모래바다에 선
자기를 발견했다
저편 모래바다 수평선 위에
붉은 해 솟아올 제

미친 듯 그는 울부짖었다
아— 그러나 메아리도 없는
절망이여! 불안이여!
모든 것은 이미 끝나고 있었다……
속절없이 운명의 길을 그는
계속하는 수밖에 없었다.

사막에도
무심한 밤이 오고 날이 새고
날이 가고 밤이 오기를

여러 번 거듭했다.

뜨거운 모래에 빠지는
발자욱에는
적혈赤血이 고였다
전신에선 땀이 흘렀다.

최후의 충동으로
번쩍이던 그의 눈에
풀과 물의 형적이
희미하게 비치었다
저—편 하늘과 모래바다가
맞닿은 곳에—
오, 그것은 오아시스였다.

힘! 최후의 힘을 다하여
거기로 단번에 뛰어가고자
발버둥쳤다
아, 그러나 그러나
움직일 수 없었다.

마침내 그는 그대로 그 자리에
쓰러지고 말았다.
입과 코에서 피가 흘렀다
……그 순간
단말마의 그 순간이었다
미로 전의 불로초 동산의
비전(幻想)이 전개되어
몽롱한 눈에 비치었다.

그곳에는 여전하게
자기 동무들은
불로초를 뜯어 먹고 있었다
이 운명의 벗을
거들떠보지도 않고…….

불로초의 상징
힘의 자현(自現)이던
젊은 사슴의
최후의 숨은 끊어졌다

그 환영幻影이 사라지는
같은 순간에…….

이리하여
이상한 운명의
사막의 비극은
미해결 그대로 영원히
최후의 막이 떨어졌다.

오, 끝없는 사막에
태양은 꺼지다
어둠의 베일이
미로의 어린 사슴의
시체를 덮도다
고요히 말없이…….

2

어둠을 치는 자

바닷속처럼 깊은 밤
주검같이 고요한 어둠의 밤
희랍 조각에 보는 듯한
완강히 용솟음치는 골육의 주인
젊음에 타는 그는
그 어둠 한가운데에
끝없고 한없이 넓은 벌판 대지 위에
꺼질 듯이
두 발을 벌려 딛고 서서
힘의 상징, 우옹牛翁 같은 그의 팔!
무쇠로 만든 것 같은
그 손을 주먹 쥐어
터질 듯이 긴장하게
부술 듯한 확신 있는 모양으로
어둠을 치도다 허공을 치도다!
그리고
어둠과 허공을 깊이 잠근
안개의 바다를 치도다.

잠기어 나리는 안개는

퍼부어 흐르는 땀과 한가지로
그의 몸 위에 타도다!
밑 모르는 불꽃에 닿는
힘없는 이슬의 모양으로……
어둠과 허공의 비밀 부수는 듯한
그의 '침'은 끊임없이
치고 치고 또 치도다!

안개의 바다는 점차로
쓰러지도다
그리고
그 어둠의 빛은 어느덧
멀리 희미하게 변해 오도다.

오— 힘의 상징!
'침'의 용사는
그 변해 오는
어둠과 공허의 벌판과 대지 위에
넘어가도다!
오! 그는

쓰러지다!
산속의 거목같이…….

오— 대지는
이상한 소리로 오도다
어둠과 허공은
알 수 없는 춤을 추며
알 수 없는 웃음 웃도다.

오— 저 대지의 끝으로부터
고요히 발자욱 소리도 없이
넘어오는 여명을
영원한 서광의 서림은
위대한 싸움으로 쓰러진
젊은 용사의 모양을
대지 위에 발견하는 그 순간에
그의 시체를 안아 싸도다
고요히 소리도 없이
그를 조상하는 듯
그를 축복하는 듯…….

그의 몸은 벌써
돌같이 굳어져 버렸으나
그의 입술 위에는 오히려
미진한 나머지의 표정 서리도다.

오— 이대異大한 어둠은 가도다
오— 위대한 서광은 오도다.

백일몽

— 이 한 편을 꿀 먹은 벙어리와도 같이 영원한 침묵에 숨 쉬는 지기지우知己之友들에게 바치노라.

내 일찍이 새파란 청춘 시절 5월 훈풍의 한 해 여름철 세계의 심장의 고동소리가 들리고 그 모공毛孔이 환히 들여다보이는 듯 눈부시게도 투명하고 고요한 오후의 한나절

장안 종로 한복판
어느 서사書肆의 어둠침침한 뒷방 골 속에 나는 누워서 깊은 명상에 잠기다가 어느덧 깜박 졸았거니

그 꿈속에, 보라! 선풍처럼 홀연히 일어난 일대 풍악의 선율로 인하여 세계 괴멸의 기적은 일어났으니
거룩한 세계 괴멸의 기적은 일어났으니

하늘과 땅과 뭇 꽃과 풀과 돌과 보석과 하늘의 뭇 별과 바닷속의 뭇 어족과 골방에 잠든 나와 나를 귀찮게 구는 파리와 벼룩과 나를 둘러싼 바람벽과 그렇다! 천지 삼라만상의 두두물물頭頭物物이 돌연 일대 악보로 변하고

금 목 수 화 토—
오행과 뭇 원자와 그리고 뭇 생물의 혼령이 모두 성음聲音으로 화하고

유와 무가, 생과 사가 모두 음악으로 화하여 돌아가……
 마치 깊은 물속에 일어나는 크나큰 바람 소리 큰 바다의 밀물 소리와 파도 소리 바닷속의 뭇 어족이 춤추며 행진하는 소리 우렛소리 지동 소리 수해樹海의 바람 소리 소낙비 쏟아지는 소리 폭풍우 몰아치는 소리 폭포 떨어지는 소리 여울 부닥치는 소리 설산雪山 무너지는 소리 빙산 터지는 소리 천병만마千兵萬馬 달리는 소리 창공을 흔드는 프로펠러 소리 지심을 두드리는 엔진 소리 뭇 공장의 기계 돌아가는 소리 산 속의 호랑이 소리 그 산울림하는 소리 사자 소리 뱀 떼 몰려가는 소리 개미 떼 몰려가는 소리 벌 떼 몰려드는 소리 황충蝗虫이 떼 몰려드는 소리 시장에서 와글거리는 소리 닭소리 온갖 짐승 소리 온갖 벌레 소리 물레방아 돌아가는 소리 사랑을 속삭이는 소리 뭇 어린이들 어미 젖 빠는 소리

 얼어붙었던 온갖 수맥이 풀리는 소리 초봄에 뭇 풀이 땅을 뚫고 싹터 오르는 소리
 온갖 꽃들이 향기를 풍기며 피어 열리는 소리
 뭇 동물의 새 생명이 숨 쉬는 소리

환상의 세계 무너지는 소리
꿈의 바다 물결치는 소리

온갖 소리 소리가 한목에 모이고 어울리고 화和하여 크나큰 풍악을 일으키고 지악地樂을 이루어 온 누리는 전체가 빈틈없는 하나의 그랜드·오케스트라·심포니로 움직여 흐르고……

무의 바다는 밑 없이 샘솟아 우렁차게 용솟음치는 악곡의 소리로 터질 듯 아찔하게 맴돌고 소용돌이쳐 돌아가고……
내란 것은 그 속에 완전히 녹아 흘러 거창한 음악 바다의 호수와 함께 파도치며 굽이쳐 돌아가 흐느껴 황홀한데

심연 속같이 엄숙한 경악과 경이와 환희와 법열의 절정의 한 찰나
문득 꿈에서 깨어나 다시 한번 자아로 전락한 나는
눈을 떠 보니 눈을 뜨고 보니

나와 방 안의 책상과 그의 책들과 바람벽과 괘종은 의연한 듯하면서도

방금 그 천래의 대심포니의 여운에 그윽이 떨고 있어

이것이 꿈인가 꿈 아닌 꿈인가 꿈속의 꿈 깨인 꿈인가 꿈인가
식무식간識無識間에서 의심은 그윽하고 아득한데

이상도 할사 바로 아까 그 심포니의 여운이 완연히 밖에서 들려오지 않는가
나는 다시 한 번 놀라서 눈을 부비고 귀를 기울이며 문밖에 나서보니 문밖에 나서보니

방금 대 심포니의 신비스러운 무한량의 비밀과 선율을 함뿍 호흡해 머금은 양 대낮의 휘황한 일광은 미묘히 떨며 천지에 넘쳐흘러 만물을 광피光被하고 녹이는 듯한데

아아 놀랍고 이상할사
저 서대문대로 수평선 저쪽으로
똥통 마차의 장사진의 마지막 꼬리가 그 심포니의 그윽한 여운과 함께 사라져 가고 있지 아니한가

쇠똥 말똥 개똥 돼지똥 닭똥 새똥 사람의 똥
똥 똥 똥……
그렇다 의심할 여지없이 뚜렷한 똥통 마차의 장사진이어라

나는 그리고 깨우쳤노라
그 우주적인 심포니의 참 동인動因은 진실로 이 똥통 마차이었음을—

낮 꿈에 취한 나의 골방 앞을
여러 말굽 소리 수레바퀴 소리 요란히 떨떨거리며 행진하는 장사진의 똥통 마차의 우렁찬 율동은 백주 대도를 울리고 골방을 울리고 벽을 울리고 구들을 울리고 구들은 낮잠 자는 내 몸을 울리고 내 몸은 내 꿈을 흔들어
꿈과 깨임 사이 한순간에
영원의 기적이 생기었음을!

천상만상千象萬象의 잡연雜然한 소음이
창조적인 나의 꿈속에 스며들어
비단결같이 고운 오색영롱한 내 꿈의 체를 걸러 조화무궁한 꿈 천재의 표현활동의 과정을 거쳐

우주적인 대 심포니의 조화를 이루었음을……

나는 깨달았노라 명확히 깨쳤노라
꿈이 무엇이며 현실이 무엇인가를
나는 무엇이며 나 아닌 게 무엇인가를
순간이 무엇이요 영원이 무엇임을
생과 사가 무엇이요 유와 무가 무엇임을

아아 꿈의 기적이여 꿈의 기적이여
아아 꿈의 맛이여 꿈의 내음새여
 온 누리가 일곡一曲의 악장 속에 휩쓸리고 휘말리어 우렁차게 굴러 돌아가는 거룩하고 신비한 꿈의 기적이여

 삼십유여三十有餘의 세월이 꿈결같이 흘러가 불혹의 고개를 넘어서 영구히 이 거룩한 꿈의 기적을 가슴속 깊이 안은 채
 아아 나는 벙어리
 꿀 먹은 벙어리
 아아 나는 영원한 벙어리 꿀 먹은 벙어리 기적의 꿀 먹은 벙어리

오 인류를 위한 거룩한 태초의 역천자逆天者 프로메튜스여

다시 한 번 하늘의 굳게 닫힌 불 창고를 깨뜨리고
그 신성한 하늘의 불을 새로 가져오라 영원한 기적의 꿀 먹은 이놈의 벙어리 냉가슴
그 불 붙어 폭파하리
그 불로써만 답답한 이 내 가슴 녹여지리
그렇고사 내 자유자재의 몸 되어
그 기적 말하리
기적으로 하여금 기적 자신을 말하게 하리
그렇다 기적을 말하리라.

아앗!
벙어리 말하고 돌도 말하고 벽도 말하고 목침도 말하고 짝지도 말하고 영장도 말하고 백골도 말하고 무無도 말하고 손가락이 말하고 발가락이 말하고 눈썹이 말하고— 유상무상이 모두 말하는 기적의 기적이여
기적 아닌 기적이여
오오—
기적의 자기 소멸 기적의 자기 해탈이여

오오 기적은 어디 있으며 기적 아닌 건 어디 있으냐.

아 아
면사포 벗은 우주의 본면목이여
복면 벗은 세계의 적나체여
가면 벗은 만유의 노골상露骨相이여
자유해방한 자아의 진실상眞實相이여
모두가 그대로 기적 아니고녀

오오—
인류여 생을 사랑하고 사死를 감사하고 밥 먹고 똥 누다가 울며 웃으며 눈 감으면 그뿐일까.
 피와 땀과 눈물로 일체 허위와 위선과 추악과 모독과 싸우며 진과 선과 미와 성聖의 추구와 그 실천으로 생의 보람으로 삼는 기특한 동물이란 구차한 영예로 족할까.

 또 하나의 우주를 자기 손으로 창조할 수 있고 파괴할 수 있는 능력이 부여된 실재자임이 유일의 자랑일까.
 억만 번 죽었다 깨어나도 달리는 어찌할 도리 없는 숙명의 주인공이여 본연本然히 알면서도 본연히 알지 못할 운명이여.

오오—
무無여 공空이여 허虛여 현玄이여 상象이여 있다 해도 남고 없다 해도 남고 있고도 남고 없고도 남고 알고도 남고 모르고도 남고 믿고도 남고 안 믿고도 남고 죽일 수도 없고 살릴 수도 없고 어찌할래야 어찌할 수도 없고 낳(生)도 않고 죽도 않고 그저 본래 저 스스로 왕래무상하고 은현자재隱顯自在한 영원 불가사의의 본존本尊이여
우주를 낳고 만유를 낳고 키우고 거두고 없애는 활살자재活殺自在하고 밑도 끝도 없이 조화무궁한 생명의 혈맥이요 호흡이요 모태요 태반이여

오
크나큰 무덤이여 영원한 적멸궁寂滅宮이여
오
신성불가침의 어머니여
오
신성불가침의 어머니여

무섭게 좋은 어머니 한없이 고마운 어머니
그러나 좋아서 미운 어머니

고마워 딱한 어머니
이러면 어쩌잔 말이요 이 딱한 엄마야
그러면 어쩌잔 말이요 이 딱한 엄마야
어쩌잔 말이요.

하늘은 오늘도 속 모르게 푸르고 흰 구름은 유유히 흐르는데 앞뜰 마당 상록수 밑에 암놈을 거느린 호사스런 장닭 한 마리 황홀히 눈부신 대낮을 자랑스럽게 긴 목 빼어 울어 마친 그 그윽한 여운에 앞뜰 마당은 홀연 적멸궁의 정적 완연하고
  담장 밖에 제가끔 가슴마다 가지가지의 현실과 형형색색의 꿈을 품고 천파만파로 물결치며 분주히 왕래하는 중생의 행진곡 속에
  당신의 발자욱 소리 그윽이 들려오는고녀
  허공에 인印쳐도 영원히 사라지지 않을 알고도 알지 못할 당신의 발자욱 소리 그윽이 들려오는고녀

오— 구원 불멸의 나의 발자욱 소리
오— 구원 불멸의 나의 발자욱 소리!

일진

나는 하나의 티끌이다
이 하나의 티끌 속에
우주를 포장包藏하고
무한한 공간을
끝없이 움직여 달린다.

나는 한 알의 원자이다
이 한 알의 원자 속에
육합六合을 배태하고
영원한 시간을
끊임없이 흐른다.

나는 하나의 티끌 한 알의 원자
하나의 티끌 한 알의 원자인 나는
우주와 꼭같은 생리와 정혼精魂을
내포한 채
감각을 감각하고
지각을 지각하고
감정을 감정하고
의욕을 의욕하고……

우주의 호흡을 호흡하고
우주의 맥박을 맥박하고
우주의 심장을 고동하나니

한 티끌의 심장이 고동의 도수에 따라
일월성신과 지구가 움직여 돌아가고
바다의 조류가 고저하고
산악의 호흡이 신축한다.

오! 그러나 그러나
한번 감정이 역류하여 노기를 띠고
한데 뭉쳐 터지면
황홀하고 신비한 광채의 무지개 찬란한 속에
우주는 폭발하여 무로 환원하나니

오!
일진의 절대 불가사의한 운명이여!
오!
일진의 절대 신비한 운명이여!

한 잔 술

나그네 주인이여 평안하신고
곁에 앉힌 술단지 그럴 법허이
한 잔 가득 부어서 이리 보내게
한 잔 한 잔 또 한 잔 저 달 마시자
오늘 해도 저물고 갈 길은 머네
꿈같은 나그넷길 멀기도 허이!

나그네 주인이여 이거 어인 일
한 잔 한 잔 또 한 잔 끝도 없거니
심산유곡 옥천玉泉샘에 홈을 대었나
지하 천 척 수맥에 줄기를 쳤나
바다는 말릴망정 이 술단지사
꿈같은 나그넷길 멀기도 허이!

나그네 주인이여 좋기도 허이
수양垂楊은 말이 없고 달이 둥근데
한 잔 한 잔 또 한 잔 채우는 마음
한 잔 한 잔 또 한 잔 비우는 마음
길가에 피는 꽃아 서러워마라
꿈같은 나그넷길 멀기도 허이!

나그네 주인이여 한 잔 더 치게
한 잔 한 잔 또 한 잔 한 잔이 한 잔
한 잔 한 잔 또 한 잔 석 잔이 한 잔
아홉 잔도 또 한 잔 한 잔 한없어
한없는 잔이언만 한 잔에 차네
꿈같은 나그넷길 멀기도 허이!

나그네 주인이여 섧기도 허이
속 깊은 이 한 잔을 누구와 마셔
동해바다 다 켜도 시원치 않을
끝없는 나그넷길 한 깊은 설움
꿈인 양 달래보는 하염없는 잔
꿈같은 나그넷길 멀기도 허이!

운명의 저류는 폭발한다

무심한 목동의 손에 잡혀 와
어미 개의 젖을 빨며
강아진 양 강아지와 함께
유순히 자라나던
한 마리의 사자 새끼!

이와 같이 몇 세기의 세월이 무심히 흘러가면
지나간 옛날의 맹수이었던 개의 운명과도 같이
사람의 손에 때 묻고 길들어
그 본래의 존엄한 독립자존의 자유와 권리를
인간에 의탁하고 복종하고 충성을 다함으로써
또 하나의 노예의 비극의 주인공이 되었을는지도 모르는
위기일발에 놓여진 사자 새끼의 위치—
어찌 뜻하였으랴
여기에 하나의 기적과도 같은
무서운 속 모를 운명의 저류는
번갯불이 흑운黑雲을 가르듯
풍랑에 번롱되는 운명의 표류를 가르고
화산 터지듯 폭발한
찬란한 혁명의 역사의 한 페이지

세기말의 숨 막히는 고민과
세계의 마지막 심판 날의 풍경을 방불케 하는—

우렛소리 지동地動 치고
번갯불 요란히 흐르는
사나운 바람과 먹장 같은 검은 구름
천지를 휩쓸고 뒤덮어 버릴 듯
엄청난 기상변조氣象變調의 심포니의 밤……

폭풍우 직전의 심각한 정적—
간간이 긴장한 깊은 정적 속에
밀물같이 달리는 검은 구름 사이로
버젓이 뚜렷한 달빛도 간혹 엿보여
이상히도 더 깊어가는 정적의 순간

오—
들으라
저 뼈아프게 깊고 무겁고 그윽하고
한없이 침통하고 비장한
자식 잃은 어미 사자의 울음소리를

무너질 듯 우렁찬 저 산울림 소리
그리고 저 천백 가지 짐승의 떠는 소리

그렇다
이 순간이다
이 찰나다

마루청 밑
친절한 어미 개 곁에
강아지 동무들과 깊이 잠들었던
안온하면서도 속 모르게 불안한
잠은 깨고 꿈은 깨졌다.

그는
마루청 속에서 삽시에 몸을 마당으로 뛰어나왔다.

그는
전신에 힘을 주고
네 다리에 힘을 힘껏 모았다.
만유인력의 결정체 그 축도인 양……

나는
적어도
심산과 유곡과 사막과 고독과 암흑과
일체의 힘을 지배하고
백수百獸의 제왕인 대웅大雄의 왕자로다! 라는
숭고한 숨은 의식의 환발喚發과
그 위의 정돈태세—
두 번째의 그 어미의 울음소리와 산울림 소리에
그의 전신은 절대한 힘의 긴장과 팽창으로
터질 듯—
그의 눈동자는 우주 중심의 초점인양
절대자의 신비로운 알 수 없는 빛의 번갯불 쳤다.

세 번째의 비창 장엄한 어미의 소리와
산울림 소리의 그윽하고 우렁찬 율동과 여운 속에

그는
홀연 몸을 번득이자
비호처럼 번개같이 바람같이 자취 없이 사라졌다.

호리毫釐의 차差는 천리를 원격遠隔하나니
하마터면 무서운 회의와 미신에 빠져
본래의 자기 자신을 잃어버리고 잊어버릴 뻔

아슬아슬한 순간에
어미 소리를 듣고 본래의 자기 소리를 듣고
일초직인一超直人 태초 본연에 돌아가
자기 어미를 찾고 자기 자신을 찾고
어미 품속에 안겨
어미를 깨닫고 자기를 깨우친
건곤일척의
비장 황홀한 혁명 정신의 한 페이지는
이리하여 써졌다.

우렛소리 다시 한 번 우렁차고
번갯불 다시 새롭게 찬란히 흐른 뒤에

바람은 자고
흑운은 걷히고
운권청천雲捲靑天―

하늘엔 무수한 성신이 영원한 질서의
정신을 상징하고
찬연히 빛나는 무한한 영광에 넘쳐
거창한 향연은 황홀한데

오랜만에 어미 품에 안겨
사자 새끼의 젖 빠는 소리 그윽이 들리는 듯

기적과도 같이 불가사의한 운명의 저류의
하나의 풍경은 저와 같거니—

운명의 저류는 인생과 자연을 통틀어
만유의 심장을 관통하여 흐르나니

각자 운명의 저류의 절대 신비경의 소식—
 그 신성한 힘과 미와 비밀의 비약적 약동과 그 영원한 생명의 유동을 모르고 범하고 모독하고 사사물물事事物物의 형형색색 천차만별의 운명의 표류에만 독사같이 집착하고 표착表着하고 미혹하고 변전하여 개가 되고 도야지가 되고 소가 되고 말이 되고 여우가 되고 원숭이가 되고 독사로 타락 전전하는 인생이여 인류여!

오—
두렵지 아니한가
두렵지 아니한가

운명의 저류에 침잠하여
그 정체를 파악하고
진면목을 봄으로써
운명의 표류에 부침하지 말진저!

멸망의 미몽과 악몽을 깨뜨리고
사자 새끼의 정신을 배우라
불사신의 사자가 되라.

항아리
― 항아리와 더불어 삶의 꿈을 어루만지는
　조선 여인의 마음

조선의하늘빛과 젖빛구름과
그윽한고령토와 조선의꿈과

창공에물결치며 달리는산맥
대지에구비치며 흐르는장강

춘하추동사시의 눈부신조화
찬란한일월성신 우렁찬선율

이자연이조화의 맥박과호흡
길이스며흐른다 조선항아리

하늘빛모시치마 허리에감고
이슬맺는달밤에 호올로서서
너를어루만지는 나의속마음
살뜰히씻는내맘 너는알리라

이내마음허전해 어루만지고
답답고서글퍼도 어루만지고
우울하고설어도 어루만지고

외롭고쓸쓸해도 어루만지고

심심코무료해도 어루만지고
내영혼적막해도 어루만지고
이내마음꽉차도 어루만지고
이내마음텅벼도 어루만지고

회의에잠기어도 어루만지고
감정이격동해도 어루만지고
감각이가란져도 어루만지고
신경이날카뤄도 어루만지고

둥그런수박같은 빛난흙그릇
길게흐른유선형流線型 예술은길어
항아리는백하나 장엄도할사
황금보옥일없네 그건죽은것
항아리는내분신 호흡이통해

찼다볐다자유다 내마음따라
있다없다자재다 나의뜻대로

채면차고비면벼 내멋의창조
꽃과달을배우는 경건한도장

후원의장독단은 내꿈의제단
좋아서설은생명 호소의법정
짧고긴내살림의 의욕의비고秘庫
크고작고나란히 내맘의질서

길고둥근흙그릇 단장한그멋
고려자기청자기 표묘한신운神韻
이조자기백자기 침체한 아담雅淡
매란국죽사군자 향기도높고
사슴거북십장생 기품도좋아
인생과자연귀일 조화의 극치

흙으로빚은네몸 약간다쳐도
생동하는숨결이 멎어지려니
문명역사자랑은 인간의몸도
흙으로빚어내진 전설슬프다

내키커도다섯자 진정서글퍼
네키커도다섯자 너도그러리
무한을한정한양 너와내신세
영원을주름잡은 나와네입체
사람손에빚어낸 너의존재나
너에게손은없되 쥘자리있어
내논에쥐어지고 어루만져져
가만히서고앉아 내사랑받네

선정禪定에든네모양 나는애달퍼
명상에깊이든잠 깨어보련다

발돋움하여볼까 누가더큰가
나의발은자유나 너는선뱅이
나는굴신자재屈伸自在나 너는어이해

자연생명네속에 스며흐르고
천재영혼네속에 아득히동해
뚜렷한너의성격 손에잡히고

안뵈는네발돋움 심안心眼에비쳐

수줍은네속삭임 귀속에아련
소리없는네미소 황홀도하다

춘풍추우사시절 씻고또씻고
일광월광운영雲影속 채우고비고
이슬서리비눈에 다채한표정
유풍한네살림의 왕성한의욕
달밤에꾸는네꿈 설은'에로쓰'

일편단심내사랑 알뜰한사랑
병들어여윈때도 너를못잊어
옥천玉泉샘정와수井華水로 채우고비고
성체같은네몸에 부정이탈까
어루만져씻고사 이맘놓이네

여기고초장단지 저기간장독
장아찌꿀항아리 게장굴단지
김치깍두기단지 국화술단지

옹기종기늘어서 백화로요란
철철이때따라서 미각을꾀어

가족생리영리靈理의 생장을돕고
생일잔치돌잔치 신명께빌고
명절경절慶節축하로 장만한여유
일가친척이웃에 나누어먹고
정성을다한제주祭酒 고이빚어서
조상의봉제사날 손꼽아고대

항아리속이비면 내마음비고
항아리속이차면 내마음차네
항아리속이차면 내마음비고
항아리속이비면 내마음차네

빈마음찬것비어 빈맘채우고
찬마음빈것채워 찬맘비우니
항아리와나와는 순환인과율循環因果律
쪼갤수없는운수 예정의조화

빈속에무無가숨어 유有를꼬이고
찬속에유有못견뎌 무無를부르네
유무의숨바꼭질 끝도없거니
유무의끝나는곳 열반적멸궁涅槃寂滅宮

적멸궁에가는길 하도멀기에
시공을주름잡은 곡선항아리
가슴속은하수에 오작교놓아
견우직녀만나듯 영혼을꾀어
적멸궁우리님을 저피안인양
차안방촌方寸에뵈는 '필로소피아'

항아리의 아득한 설은'에로스'
구원의길동무냥 손을이끌고
모르고도아는길 뵈는항아리
어루만져씻는맘 너는아리라
채우고비는마음 너는 아리라

항아리어루만져 세사를잊고
항아리거문고타 내꿈달래네

달래도또달래도 깊어만가는
끝없는이내꿈은 단지에어려
보고보고또봐도 또보고지고

자세치항아리의 끝없는곡선
아지못할사이에 넋을꼬이어

어깨춤절로나고 노래제절로
아득한아리랑재 넘겨주는듯
거문고가야금줄 타지않건만
용궁월궁악사들 반주하누나
그윽고신비할사 흙그릇조화
진선미성聖의향연 천래의소식

네꿈이내꿈인가 내꿈네꿈가
내꿈이항아린가 네꿈내꿈가
내꿈이스며들어 네꿈빼앗고
네꿈이밀려들어 내꿈뺏으니
꿈과꿈교류융합 분간없고녀

꿈과꿈의심판자 두꿈밖의꿈
꿈밖의꿈꿈속꿈 깨임없는꿈
깸없으니무의꿈 이꿈참꿈가
두어라꿈타령은 끝도없거니
영원히애태우는 속모를이꿈

3

나의 스케치

나의 귀는 소라인 양
항상 파도소리의 그윽한 여운을 못 잊고

나의 눈은 올빼미인 양
고동하는 밤의 심장을 노린다.

나의 코는 사냥개마냥
사향의 지나간 자취를 따라
심산과 유곡을 더듬어 헤매이고

나의 입은 거북마냥
담배 연기 안개를 피워
일체의 잡음과 부조리와
일체의 중압과 불여의를
가슴 깊이 안은 채

나와 나 아닌 것의 위치와 거리와 간격을
자유로 도회韜晦하고 조절하여
하나의 조화의 세계를 창조하여
그 제호미醍醐味에 잠긴다.

첫날밤

어이 밤은 깊어
화촉동방의 촛불은 꺼졌다.
허영의 의상은 그림자마저 사라지고……

그 청춘의 알몸이

깊은 어둠 바닷속에서
어족인 양 노니는데
홀연 그윽이 들리는 소리 있어,

아야……야!

태초에 생명의 비밀 터지는 소리.
한 생명 무궁한 생명으로 통하는 소리.
열반의 문 열리는 소리.
오오 구원의 성모 현빈玄牝이여!

머언 하늘의 뭇 성좌는
이 밤을 위하야 새로 빛날진저!

밤은 새벽을 배고
침침히 깊어간다.

방랑의 마음 1

흐름 위에
보금자리 친
오— 흐름 위에
보금자리 친
나의 혼……

바다 없는 곳에서
바다를 연모하는 나머지에
눈을 감고 마음속에
바다를 그려 보다
가만히 앉아서 때를 잃고……

옛 성 위에 발돋움하고
들 너머 산 너머 보이는 듯 마는 듯
어릿거리는 바다를 바라보다
해 지는 줄도 모르고—

바다를 마음에 불러일으켜
가만히 응시하고 있으면
깊은 바닷소리

나의 피의 조류를 통하여 우도다.

망망한 푸른 해원—
마음눈에 펴서 열리는 때에
안개 같은 바다와 향기
코에 서리도다.

방랑의 마음 2

나그네의 마음
오— 영원한 방랑에의
나그네의 마음
방랑의 품속에
깃들인 나의 마음

나는 우다
모든 것이 다 있는 그 세계 보고
나는 우다
모든 것이 다 없는 그 세계 보고
나는 우다
한없는 그 세계 보고
나는 우다
한 있는 그 세계 보고
나는 우다
유와 무가 교차하여 돌아가는 그 세계 보고
나는 우다
생과 사가 서로 스쳐 지나가는 그 세계 보고
나는 우다
나의 육신의 발이 밑 있는 세계에 닿을 때

나는 우다
나의 영혼의 발이 밑 없는 세계에 스쳐 헤매 일 때
나는 우다
오— 밑 없고도 알 수 없는 웃음
나는 우다.

영원회전의 원리
― 계절의 독백

봄이 온다
순간이자 영원한
생명의 봄이 온다
뭇 생명이 분수처럼
솟구쳐 샘솟는
봄이 온다.

봄이 오면
여름 오고
여름이 오면
가을 오고

가을이 오면
겨울 오고

겨울이 오면
봄 오고

봄이 가면
여름 오고

여름이 가면
가을 오고

가을이 가면
겨울 오고

겨울이 가면
봄 오고

봄은 여름을 배태하고
여름은 가을을 배태하고
가을은 겨울을 배태하고
여름은 또 봄을 배태하고

봄은 봄대로
여름은 여름대로
가을은 가을대로
겨울은 겨울대로

일맥상통—
봄 여름 가을 겨울이
돌고 돌아
오고 가고
가고 오고
오가는 사이에

사사물물 事事物物
모든 것이
변하고 화하고
화하고 변하고
옮겨지고 움직이고
움직이고 옮겨진다.

하늘도 돌고
땅도 돌고
하늘과 땅 사이
온갖 것이 다 돌아

해도 돌고 달도 돌고
별도 돌고 꽃도 돌고

들도 돌고 산도 돌고
강도 돌고 바다도 돌고

먼지도 돌고 돌도 돌고
물도 돌고 불도 돌고

피도 돌고 숨도 돌고
평면도 돌고 입체도 돌고
인간도 돌고 벌레도 돌고
짐승도 돌고 벌레도 돌고

암놈도 돌고 수놈도 돌고
어린이도 돌고 어른도 돌고

음도 돌고 양도 돌고
태극도 돌고 무극無極도 돌고

물체도 돌고 물질도 돌고
원자도 돌고 무도 돌고

무가 도니 유도 돌고
유가 도니 무도 돈다.

안이 도니 밖도 돌고
속이 도니 겉도 돌고

위가 돌고 아래 도니
중간인들 안 돌손가

나도 돌고 너도 돌고
그도 돌고 저고 돌고

현상現象도 돌고 본체도 돌고
순간도 돌고 영원도 돈다.

잘도 돈다

고추 없고 맴맴
담배 먹고 맴맴

잘도 돈다
골치가 아프다.

이 유구한 세월
자연 추이의 선율 속에
만유——는
영榮하고 고枯하고 융隆하고 체替하고
체하고 융하고 고하고 영하고

중생——은
흥하고 망하고 성하고 쇠하고
쇠하고 성하고 망하고 흥한다.

인생은
생하고 노하고 병하고 사하고
사에서 또다시
생——하고 노하고 병하고 사하고

우주——는
성成하고 주住하고 괴壞하고 공空하고
공에서 또다시
성하고 주하고 괴하고 공한다.

이 어마어마한
대자연의 추이 유동과
영원 질서의 심포니·하모니 속에
영겁에서 영겁으로 유유히
생멸유전生滅流轉하며 유희삼매遊戲三昧에 도취하여
자기 자체도 자기 자신을 어찌할 수 없이
자유자재하고 순역자재順逆自在하며 조화무궁한……

보라!
이 불생불멸,
절대 비경絶對秘境의 소식의 심연인
끔찍하고 엄청난 운명의 꼴을!

오— 그리고
이 운명은 곧 '너' '자신' 인저……

오—
'너' 두렵고 엄숙한
불멸의 질서 법칙의 화신이여
항구불변하며 순환무상한
계절의 생리여

색공일여色空一如— 생사여래生死如來
유무상통有無相通하며 무한 샘솟는
영원청춘의 상징이여 본존本尊이여.

녹원鹿苑의 여명

서라벌에 눈이 내린다.
사슴들이 언덕을 오른다.

서라벌의 마지막 밤은 깊고
일체를 전화하는
봉덕사의 종소리…….

석굴암에 거룩히 서리는
대불의 숨결은
아직 이마에 찬데

찬란히 터오는
동해의 새벽 언덕에 서서
조용히 손을 모으는
아아 새로운 목숨들이여

서라벌에 봄을 밴 눈이 쌓인다.
사슴들이 언덕을 오른다.

4

표류와 저류의 교차점

비가 내린다
좌악 좍 내린다
내가 내린다
좌악 좍 내린다
비가 내가 한결의
좌악 좍 내린다
비도 나도 아닌데
좌악 좍 내린다.

소리가 흐른다
좌알 좔 흐른다
내가 흐른다
좌알 좔 흐른다
소리가 내가 한결에
좔좔 흐른다
소리도 나도 아닌데
좌알 좔 흐른다.

노래가 흐른다
좌알 좔 흐른다

내가 흐른다
촤알 촬 흐른다
노래가 내가 한결에
쫠쫠 흐른다
노래도 나도 아닌데
촤알 촬 흐른다.

빛깔이 흐른다.
무지개 빛깔이 쇠쇠 흐른다
내가 흐른다
무지개 빛깔이 쇠쇠 흐른다
빛깔이 내가 한결에
쇠쇠 흐른다
빛깔도 나도 아닌데
쇠쇠 흐른다.

빛이 내린다
쇠알 쇌 내린다
내가 내린다

쇠알 솰 내린다

빛이 내가 한결에
솰솰 내린다.
빛도 나도 아닌데
쇠알 솰 내린다.

파도가 움직인다
출렁출렁 움직인다
내가 움직인다
출렁출렁 움직인다
파도가 내가 한결에
출렁출렁 움직인다
파도도 나도 아닌데
출렁출렁 움직인다.

침묵이 움직인다
넘실넘실 움직여 돌아간다
내가 움직인다
넘실넘실 움직여 돌아간다

침묵이 내가 한결에
넘실넘실 굽이쳐 돌아간다
침묵도 나도 아닌데
넘실넘실 굽이쳐 돌아간다.

허무혼의 독백

하염없이 스러져가는 연기 끝에도 한 실재의 발자욱!
땅 위에 굴러떨어지는 가련한 한 송이 꽃 속에도 그이의 그윽한 한숨!
나의 얼굴을 스쳐지나 가는 가벼운 바람 가운데도 그이의 미소!
하염없이 스러지는 촛불 밑에도 그이의 휘파람소리!
창틈을 새여 들어오는 티끌 속에도 그이의 눈동자!
깊은 침묵 깜깜한 어둠 속에도 그이의 우렛소리!

허무혼은 누구나 엿들을세라 가만히 일어나서 들창 틈으로 엿보아가며, 입도, 채 떼지 못하고, 알 수 없는 소리로 가만히 혼자 중얼중얼, 고개를 외로 기울이며—
허무의 문 열라는 별안간 무엇의 소리에 깜짝 놀라, 숨을 끊고 멍멍히 뻣뻣이 서다, 눈도 깜적이지 못하고,
허무의 밤은 깊어가다.

한 마리 벌레

나는 본시 단세포 아메바
지금은 육안에 보이지도 않는 지극히 미미한
한 마리의 벌레— 정충이다
고도의 현미경으로도 겨우 발견될 둥 말 둥 한 미생물

그 얄궂은 미생물의 수없는 분열과 통일—
통일과 분열—
그리고 또 분열과 통일 활동의 발전 과정을 밟아
드디어 우주를 상징한 완전한 조직체를 구성하고
우주의 초점인 양
우주를 대표하는 우주의 주인공으로서 그 놀라웁고 엄청난 총명과 예지와
의욕은 구경究竟
우주의 단세포인 원자를 발견하고
그 원자를 파괴하여
무로 돌릴 수 있는 이법理法을 발명하고 재주를 부림으로써
두렵고 끔찍한 천재적 마력의 비밀을 여지없이 발휘하고 폭로하였거니
오! 한 마리 벌레의 절대한 마력이여!

오! 명일의 우주와 인류의 새로운 운명을 창조하고 개척할 자
 그 누구이뇨
 오! 역시나 너 한 마리 벌레인저!

나와 시와 담배

나와 시와 담배는
이음異音 동곡同曲의 삼위일체

나와 내 시혼은
곤곤히 샘솟는 연기

끝없는 곡선의 선율을 타고
영원히 푸른 하늘 품속으로
각각 물들어 스며든다.

불나비

 누가 뭐라 해도 우리들 백의민족은 동서고금에 혁혁히 빛나는 문화 민족의 후예자요. 계승자요. 영원한 앞날에 전수자로서 그 사명과 의무와 책임은 참으로 중차대한 것입니다. 이 불멸의 문화 가치와 긍지는 세계의 인류에게 과시하고도 남음이 있습니다.
 홍대洪大한 우주에 가득 찬 삼라만상이 천차만별로 그 형태와 용모는 비록 각각 다르다 하더라도 제각기 발휘하는 굳은 의지와 힘찬 정열의 근저만은 다 같은 것이요, 네 것 내 것 없는 일관一串의 일관一貫된 것으로 보는 바입니다.
 여기 '불나비'란 극히 작은 곤충이 있으니 그 몸은 비록 미소하다 하드라도 그것이 죽음까지를 초월하고 지조와 정열의 대근원력大根源力을 맹렬하게 자재롭게 긍지 있게 발휘하는 그 모습이야말로 능히 만유전체의 불멸의 근원력을 대표하는 것이라 보는 바입니다.

 불나비!

 사랑의 불 속에 뛰어들어
 자기야 있고 없고

불나비!

생명의 불 속에 날아들어
목숨이야 있고 없고

불나비!

비밀의 불 속에 달겨들어
목숨과 죽음을 넘어
그 '무엇'에 부닥치려는
무서운 몸부림이여

너
MEHR LICHT!에의 일편단심
그 생리의 실천자

너
영원히 처절하고 비장한
'프로메튜스'의 후예여, 화신이여

깊은 밤빛같이 깜고

좁쌀알같이 작은
고 얄미운 눈동자

오직
불과 빛을 향해서만 마련되었기에
살아서 깜박이는 순간이 없고
죽어서 눈 감지 못하는 숙명이여

불도 오히려 서늘한 듯
무서운 너 정열의 불꽃이여

단지
빛을 위하여 나고
빛을 위하여 살고
빛을 위하여 죽는—

한없이 비장하고 찬란하고
거룩한 너 운명의 조화여

생명보다 죽음보다

삶보다 사랑보다

오직 불과 빛
타오르는 불빛을—

불빛 속에 침투되어 무한히 감추어진
생명과 죽음을 빼앗고도 남음이 있을……
그 속 모를 불빛의 신비의 심연 속에
마구 뛰어들어 날아들어
부닥쳐 몰입하려는 너 뼈저리게 안타까운……

꽃가루인 양 향기롭고 보드럽고
꽃이파리마냥 고운 나래의 기적이여

불 속에 몇 번이고 거듭거듭 덤벼들어
그 나래가 타고 알몸이 타고 기진맥진
땅바닥에 굴러떨어져 소리 없는 신음 속에
고 작은 가슴팍 팔락거리며
기식氣息은 엄엄唵唵해도
불 속에 불붙는 영원한 향수여

■ 해설

허무와 적멸의 시학

김 봉 군

1

공초空超 오상순의 시업詩業을 대표하는 말은 '허무虛無'와 '적멸寂滅'이다. 허무는 실체實體와 차별상差別相을 부정否定하며, 적멸은 속계俗界의 고苦와 집集을 벗고 열반涅槃 위락爲樂의 경지에 듦으로써 고통, 번뇌, 대립, 갈등이 해소된 세계를 뜻하는 말이다. 사람을 만나면 뜨겁게 손을 잡고 '반갑고 고맙고 기쁘다'던 공초의 면모를 구상 시인의 증언은 그가 참을 통해 적멸의 세계를 체현體現해 보이려 한 증거다.

공초는 현존現存의 욕정欲情 너머에서 산, 무소유無所有의 사람이다. 구상 시인이 공초 오상순 시전집『아시아의 마지막 밤 풍경風景』(한국문학사, 1983) 후기에서 그를 무교리無教理의 종교가요, 초이론超理論의 사상가요, 시작詩作을 넘어선 시인으로 규정한 것은 공초의 정체를 이상상태理想狀態에서 조명한 발언일 것이다.

청년기 공초의 면모는 <폐허廢墟> 동인들의 「공초 인상기」에 나타나 있다. 자연주의자 염상섭은 청년다운 혈기를 고의로 은폐하지 않는 공초의 자유로운 기독교와 양심의 강직성을 떠올린다. 남궁택은 공초를 시인의 직관과 철인의 사색을 공유한 니체다운 시인 철학자로 보며, 그것은 종교와 함께 시의 왕국에 이룩되어야 할 그의 열망의 대상이라고 한다. 그러나 공초의 청년기를 가장 적절하게 파악한 것은 변영로의 경우라 하겠다. 그는 공초를 온순한 동시에 맹렬한 정열의 폭발이 있고, 다감하고 눈물이 많으면서도 비장悲壯한 종교적 잔인성이 있으며, 사기邪氣가 없으면서도 파천황破天荒의 탈선적인 행동을 하는 불가사의한 존재로 파악한다. 이러한 인물평은 범부凡夫로서의 청년 오상순의 모습을 지적한 것이며, 이 같은 격정적 맹렬성과 온순성이라는 모순된 감정의 카오스와 그것이 조응照應됨으로써 빚어지는 화해의 코스모스가 그의 삶과 시세계에 혼재混在하고 있음과 유관有關하다.

공초는 기독교건 불교건 철학이건 시건, 경직된 교리와 외식外飾과 기교를 싫어했다.

그런 것들을 뛰어넘어 대우주의 소리와 빛깔이 한데 어우러진 장엄한 오케스트라 화운和韻의 진공묘유眞空妙有의 세계를 꿈꾸었다. 공초의 다감함은 수필 『짝 잃은 거위를 곡하노라』에서 표출된다. 공초는 한국의 가을과 백자를 사랑하며 '고맙고 반갑고 즐거운' 이 땅의 가을에서 혼연히 융합 일치하는 인생과 자연의 거대한 율동을 감지하며 신비한 예술의 절대비경絶對秘境으로서의 우주를 조망한다. <폐허>

동인 시절 공초의 시 정신은 치열한 투쟁을 핵으로 하고 있음이 평론 「시대고時代苦와 그 희생」에 드러나 있으며, 명논문 「종교와 예술」에서 그는 예술과 종교란 같은 우주의 깊은 밑바닥에서 배태되고, 같은 생명의 혈액에 의해 길러진 인생의 쌍둥이라고 했다.

하므로 공초의 시학은 자유분방한 감정의 분출에 심혼을 맡기는 낭만이나 퇴폐나 예술 지상의 텃밭에 안주安住할 수가 없다. 기교를 싫어하는 그의 시학에 모더니즘의 감각주의의 틈입이 허용될 리도 없다. 공초의 시가, 우리 시가詩歌 전통의 자연 서정주의라 서구의 현대 기교파 시에 사뭇 기운 범상한 독자에게 외면당하는 까닭이 이에 있다.

2

<한국문학사>가 펴낸 공초의 시전집에는 66편의 시에 14편의 수필·평론이 덧붙여 실려 있다. 여기 실린 시는 공초의 회심작會心作이라기보다 체현된 시의 잔재라 해야 옳겠다. 66편의 시는 대체로 수작일 수 없기 때문이다.

공초의 시는 표현이 소박하고 직재直截하다. 그리면서도 그의 문체는 열정적이면서 웅혼·광대하며, 시세계의 광활성은 우주적이다. 표현이 소박하고 직절하므로 기교의 동원에 무심하며, 시어가 관념의 포화飽和에 기울었고 친부하다. 그의 어조는 장중하며 끊임없는 추구욕追求慾을 과시한다.

이는 그의 허무와 적멸의 시학을 교란시킴직한 일대 사변이다. 더욱이 1940년대 후반 그가 50대에 들어서 쓴 회고기 「고월古月과 고양이」에서 '악착하고 가혹하고 썩어빠진

더러운 세상'에 대해 극도의 분노와 저주를 보낸다. 이같이 어조가 격렬한 공초의 시세계에 '허무'와 '적멸'의 시학을 운위云謂할 수 있는가? 적멸의 세계에서 모든 존재는 무상하고 공空한 것이어서 자아가 없으므로 집착을 버리며, 존재의 본성에 있어 선악의 차별조차 소멸한다. 허무, 적멸의 세계에서 혜등慧燈의 광명에 싸이면 모든 존재는 탐貪·진嗔·치癡의 삼독三毒, 곧 탐욕과 분노와 어리석은 행위로부터 해탈한 자이기 때문이다.

공초 오상순은 1894년 8월 9일 서울 시구문 안의 목재상인 태연泰兗의 4남 1녀 중 차남으로 태어났다. 기독교계 경신학교와 일본의 동지사대학 종교철학과를 졸업한 공초의 학적은 속계俗界의 타산에 밝은 그의 가풍과의 결별이라는 파란을 불러온다. 대학을 마치고 그가 결혼을 거부하며 가족과의 결별을 선언하고 가출까지 하며, 동래 범어사梵魚寺며 객사客舍와 조계사 등지를 방랑한 그의 행적은 계모에 대한 혐오감 같은 피상적인 수준에서 찾아질 수는 없는, 공초의 필연일 것이다.

공초가 일월日月 같은 영혼의 조응을 실감한 외우畏友 고월 이장희의 죽음을 애도하면서 황금·권세·명예에 오염되어 뽐내며 우글거리는 속중俗衆들의 세계를 타매하고 있음은 그가 일생을 통해 줄곧 무소유와 방랑의 역정을 걷게 된 직접적인 동기가 된다. 그러므로 그의 시집에서「8·15의 감격을 낡다」외의 사회시社會詩는 발견되지 않는다.

공초의 시는 어둠에서 빛에로의 궤를 그리며 폐허의 제단, 그 탄식에서 우주적인 환희의 대합창으로 멸적滅寂한다.

그것은 시간적이면서 시간적이 아니고 공간의 확대이면서 축소이기도 하다. 그래서 '한 알의 원자 속에 육합六合을 배태하고/ 영원한 시간을/ 끓임 없이 흐른다'고, 시 「일진一塵」에서 공초는 노래한다.

공초의 탄식과 격분은 청년기의 '시대고와 그 희생'이며, '불나비'의 허망한 열정은 폐허의 참담과 어둠에서 빛의 제단으로 비상하려는 영원한 향수의 몸짓이다. 공초의 자아의 체현이다. 그는 인식의 촉각을 세우고 찰나와 영원, 현존과 미현존을 하나의 원공에 서 지각하고, 조화와 적멸의 큰 바다에서 멸입滅入하려 한다. 「나의 스케치」 「한 마리 벌레」.

공초의 자아상은 시 「몽환시夢幻詩」에서 보듯이, '타오르는 불꽃의 춤을 따라/ 피는 순간에 사라져 가고 또 피어나는 백합화'처럼, 환멸의 표상에서 비롯된다. 그가 '연아일체 煙我一體境'으로 표현한 애연기愛煙記에서, 뿜어낸 자연紫煙이 한참 동안 허공에 머물다가 사라지는 것을 육체 명멸明滅의 모습으로 보는 것이 이를 뒷받침한다. 그는 필경 불교에 들지만 일체의 철학과 종교와 인위적 금단禁斷의 연소와 멸적을 바라고, 니체·기독교·불교 그 모든 차별상을 뛰어넘고자 한다.

그는 속계俗界의 현존에서 꿈과 허망을 보고 적멸의 공간을 향해 영혼의 날개를 파닥거린다.

3

이런 관점에서 공초의 대표작은 「몽환시」 「백일몽」 「허무혼의 선언」 「아시아의 마지막 밤 풍경」 「영원 회전의 원리」

등이라 하겠다.

공초 시의 형이상학은 존재론적이라기보다 인식론적이다. 밤을 아시아의 감각이요, 감성이요, 성욕이며, 밤을 아시아의 미학이요, 종교로 보는「아시아의 마지막 밤 풍경」이 이를 대표한다. 또한 그의 시「허무혼의 선언」은 지수화풍地水火風과 민간의 온갖 유위有爲 무위無爲의 차별상을 혼동과 허무, 적멸의 세계에 넣고 일체상을 무無로 환원시킨다. 끝내는 허무가 허무 자체를 교살咬殺하는 절대허무의 세계를 그는 선언한다. 그리하여 그의 허무, 적멸의 세계에는 영원회전의 진리만이 남는다. 허무, 적멸의 세계에서는 현상도 돌고 본체도 돌며, 순간도 영원도 모두 돈다. 영고웅체榮枯隆替와 생로병사生老病死, 성주괴공成住壞空이 영겁회전의 궤적을 그리면서 순역자재順逆自在하며 조화무궁한 대우주의 현상과 질서 앞에서 공초는 불생불멸하는 본존本尊을 부른다.

'색공일여色空一如 생사여래生死如來 유무상통有無相通 하며 무한 샘솟는 영원 청춘의 상징이여, 본존이여.'

그러기에 공초는 허무적멸의 세계에서 정원의 대추나무 한 그루를 보고도 정精과 색色, 정과 동, 진과 미, 비秘와 성聖을 보며 이렇게 체현한다.

'적멸인 양/ 태고정적이 깃들인/ 원院 앞뜰 한복판에 창공을 꿰뚫고 우뚝 솟아 있는 무성한 대추나무 한 그루.

공초에 따르면 속박 중에 자유를 현출하고, 모순 중에 조화를 발견하고, 준엄한 것 중에서 쾌활을 맛보고, 투쟁 중에 위안을 포착하는 것이 예술이다. 또, 종교는 자연 속의 형식과 육감의 매개를 기다리지 않고 바로 영능靈能의 내관內觀,

그 자각에 의하여 영혼의 가장 깊은 요구를 충족시켜 준다.

　공초는 시와 종교야말로 같은 우주의 깊은 밑바닥에서 배태되며, 같은 생명의 혈액으로 길러지는 불가분리의 것임을 터득, 체현하려 했다.

　공초 오상순은 구상과 함께 시와 형이상학의 만남에 성공한 이 땅의 희유稀有한 시연이요, 현대 동방의 아성亞聖이다.

〈성심여대 교수·문학평론가〉

오 상 순

연 보

1894(1세) 8월 9일 서울 출생, 본관 해주. 목재상을 경영한 오태연吳泰兗의 4남 1녀 중의 차남.

1901(7세) 어의동현 효제국민학교에 입학.

1906(13세) 경신학교 입학.

1912(19세) 경신학교 졸업 후 일본에 건너가 동지사대학 同志社大學 입학.

1918(25세) 동대학 졸업 후 귀국. 하왕십리로 이사한 본가에서 출가. YMCA에서 번역 일과 교회의 전도사 일을 봄.

1920(27세) 김억, 남궁벽, 황석우 등과 문예지 <폐허廢墟> 동인으로 참가, 에세이 「시대고時代苦와 희생」을 발표, 이어 <개벽> 6호에 「신시新詩」, <서울> 8호에 「만 10주년 전에 세상을 떠나신 어머님 영위靈位에 올리는 말」 발표.

1921(28세) 시 「힘의 숭배」 「협의 동경」 「힘의 비애」 「혁명J」 「때때신」 「신의 옥고玉稿」 「꽃의 정」 「생의 수수께끼」 「돌아」 「가위쇠」 「이간자」, 논문 「종교와 예술」 등을 <폐허>에 발표.

1923(30세) <동명東明> 8호에 「방랑의 마음」 「허무혼의 선언」을 발표. 조선중앙불교학림 교원, 보성고교 교원 역임. 후에는 직업도 주거도 떠난 상태로 방랑, 참선, 애연愛煙의 생활을 계속함.

1924(31세) 「허무의 제단」「허무혼의 독백」「꾀임」「폐허행」「폐허의 낙엽」 등을 <폐허 이후> 1호에 발표.

1926(33세) 폐허 이후에는 '상순想殉'이라는 이름도 사용함. 부산 동래 범어사에 입산한 이후부터 '공초空超'라는 호를 씀.

1935(42세) <조선문단> 8월호에 「방랑의 마음 2」발표.

1936(43세) <조선일보> 1월 6일 자에 「생의 서곡」발표.

1940(47세) 고향 대구로 낙향.

1946(53세) 서울 안국동 부근의 역경원譯經院, 선학원禪學院, 조계사에서 생활함.

1949(56세) <문예文藝> 12월에 「한잔 술」 발표.

1951(58세) 1·4 후퇴 때 대구·부산 등지에서 피란생활을 함.

1953(60세) <문화세계文化世界> 7월호에 「일진一塵」, <신천지> 12월호에 「한 마리 벌레」 발표. 서울 환도 후 다시 조계사에 돌아와 유명무명의 문인들과 어울려 '청동시대'를 열었으며, 유명한 사인첩인 『청동산맥』이 만들어짐.

1954(61세) <신천지> 12월호에 「표류表流와 저류의 교차점」 외 1편, <현대공론現代公論> 9월호에 「환멸」 발표.

1958(65세) <자유문학> 11월호에 「불나비」 발표.

1961(68세) 조계사를 나와 안국동 정이비인후과에서 생활함.

1963(70세) 고혈압성심장병, 폐렴 등으로 한때 입원 치료하다, 6월 3일 병세 악화로 적십자병원에서 영면. 서울 도봉구 수유리에 안장됨. 제자들이 『공초 오상순 시집』을 간행함.

1982년 청동문학『노트 흐름 위에 보금자리 친 나의 영혼』한국문학사 간행됨.

1983년『아시아의 마지막 밤 풍경』한국문학사 간행됨.

〖한국대표명시선100〗을 펴내며

　한국 현대시 100년의 금자탑은 장엄하다. 오랜 역사와 더불어 꽃피워온 얼·말·글의 새벽을 열었고 외세의 침략으로 역경과 수난 속에서도 모국어의 활화산은 더욱 불길을 뿜어 세계문학 속에 한국시의 참모습을 드러내게 되었다.

　이 나라는 글의 나라였고 이 겨레는 시의 겨레였다. 글로 사직을 지키고 시로 살림하며 노래로 산과 물을 감싸왔다. 오늘 높아져 가는 겨레의 위상과 자존의 바탕에도 모국어의 위대한 용암이 들끓고 있음이다.

　이제 우리는 이 땅의 시인들이 척박한 시대를 피땀으로 경작해온 풍성한 시의 수확을 먼 미래의 자손들에게까지 누리고 살 양식으로 공급하는 곳간을 여는 일에 나서야 할 때임을 깨닫고 서두르는 것이다.

　일찍이 만해는 「님의 침묵」으로 빼앗긴 나라를 되찾고 잃어가는 민족정신을 일으켜 세우는 밑거름으로 삼았으며 그 기름의 뜻은 높은 뫼로 솟아오르고 너른 바다로 뻗어나가고 있다.

　만해가 시를 최초로 활자화한 것은 옥중시 「무궁화를 심고자」(<개벽> 27호 1922.9)였다. 만해사상실천선양회는 그 아흔 돌을 맞아 만해의 시정신을 기리는 일의 하나로 '한국대표명시선100'을 펴내게 된 것이다.

　이로써 시인들은 더욱 붓을 가다듬어 후세에 길이 남을 명편들을 낳는 일에 나서게 될 것이고, 이 겨레는 이 크나큰 모국어의 축복을 길이 가슴에 새겨나갈 것이다.

— 만해사상실천선양회 —

한국대표명시선100 | 오 상 순

아시아의 마지막 밤 풍경

1판1쇄 인쇄 2012년 12월 12일
1판1쇄 발행 2012년 12월 21일

지 은 이 오 상 순
뽑 은 이 만해사상실천선양회
펴 낸 이 이 창 섭
펴 낸 곳 시인생각
등 록 번 호 제2012-000007호(2012.7.6)
주   소 경기도 양평군 옥천면 고읍로 164
          ㉾476-832
전   화 (031)955-4961
팩   스 (031)955-4960
홈 페 이 지 http://www.dhmunhak.com
이 메 일 lkb4000@hanmail.net

값 6,000원

ISBN 978-89-98047-05-4 03810

* 잘못된 책은 구입하신 서점에서 교환하여 드립니다.

※ 이 책은 만해사상실천선양회의 지원으로 간행되었습니다.